Barcelona

lieben lernen

Der perfekte Reiseführer für einen unvergesslichen Aufenthalt in Barcelona inkl. Insider-Tipps, Tipps zum Geldsparen und Packliste

Hannah Busquets

✈ INHALT

Das erwartet Sie in diesem Buch

Sie möchten Barcelona mit allen Sinnen erleben? Eintauchen in die faszinierende Welt der kulinarischen Genüsse dieser Weltmetropole? Mehr erfahren über die modernistische Kunst, wegen derer die Stadt mehrere UNESCO Weltkulturerbegebäude beherbergt? Durch die alten gewundenen Gässchen streifen, auf dem Markt *jamón* und *queso* ersteigern und den Abend bei sanftem Wellenrauschen und einem *cava* am Sandstrand ausklingen lassen? Dann lassen Sie sich von uns in die abenteuerliche Welt der katalanischen Hauptstadt entführen.

Lassen Sie sich die geheimen Plätze zeigen, die normalerweise nur Einheimischen bekannt sind, lernen Sie ein wenig Katalanisch, um ein nettes Pläuschchen in einem der kleinen Cafés am Straßenrand führen zu können und erfahren Sie mehr über Barcelonas Geschichte, seine verschiedenen Stadtteile und seine Umgebung. Kommen Sie mit auf eine unvergessliche Reise zu umwerfender Architektur, atemberaubenden Sehenswürdigkeiten und wundervollen Stränden. Vergessen Sie vergilbte Reiseführer, die Ihnen die veralteten Eintrittspreise der Sagrada Familia herunterbeten möchten und Ihnen weißzumachen versuchen, dass die Rambla die preiswerteste Einkaufsstraße der Welt ist.

Wandeln Sie stattdessen auf den Spuren Gaudís, genießen Sie *churros con chocolate* in Badalona und lassen Sie den Tag bei einer Geschmacksexplosion im *Els Quatre Gats* ausklingen. Kommen Sie mit auf den Tibidabo, genießen Sie die unbeschreibliche Aussicht und schlendern Sie durch den Parc Güell. Kurzum: Entdecken Sie die wirklichen

Perlen von Barcelona und machen Sie Ihren Urlaub zu einem unvergesslichen Erlebnis. Genießen Sie mit uns das mediterrane Lebensgefühl und den Sonnenschein an den Hotspots der Stadt. Nirgendwo sonst vermischen sich jahrhundertealte Traditionen so mit Modernismus wie in Barcelona und ergänzen sich auf solch eine einmalige Art und Weise. Und mit diesem Reiseführer sind Sie mittendrin!

Die Stadt der tausend Möglich-keiten

B arcelona [barθe'lona] – allein schon der Klang der Stadt verspricht Aufregung, Abenteuer und Andersartigkeit. Barcelona ist all das und noch so viel mehr: Gaudís Meister-werke, eine kulinarische Explosion der Sinne, 20 Grad im Winter, das sanfte Rauschen der Wellen, stolze Katalanen die wild gestikulierend von ihrer Geschichte erzählen, eine wilde und nicht immer leicht zu durchblickende Politik, verrückte Klamotten in alten Vintage-Läden, die *bunquers* mit ihrem atemberaubenden Blick über Barcelona bei einem romantischen Picknick nebst wild feiernden Einheimischen, die Barças Sieg über Real Madrid zelebrieren. All dies sind Elemente der Metropole, die sich in einem Atemzug nennen lassen und es dennoch nicht einmal annähernd schaffen, der Stadt gerecht zu werden. Denn Barcelona ist viele Geschichten, viele Kulturen, viele Traditionen und viele einzigartige Menschen. Dieser Reiseführer hat es sich dennoch zum Ziel gesetzt, Ihnen Kataloniens Hauptstadt so nahe wie möglich zu bringen, Ihnen dabei zu helfen, sich im Gewusel seiner tausend Gässchen zurechtzufinden und hier und da mit einem Einheimischen bei einem Glas cava ein paar Brocken Katalanisch oder Spanisch austauschen zu können und Ihnen, dank des Wissens der Autorin, die selbst in dieser wundervollen Stadt gelebt hat, die geheimsten Ecken Barcelonas zu verraten, die sonst nur wenigen Personen bekannt sind. Lassen Sie sich entführen an die Schauplätze der katalanischen Freiheitskriege, in Bars in denen Tapas zu kleinen Preisen geschlemmt werden und in Museen, die Picasso zum Leben erwecken und das Ganze mit Menschen, für die Zeit dann doch eher relativ ist, jedenfalls im Vergleich zu uns sehr pünktlichen Deutschen. Ich kann Ihnen versprechen, am Ende dieses Buch werden Sie einstimmen in meine Liebeserklärung an Barcelona, Sie werden gar keine Wahl mehr haben! Lassen Sie sich verführen zu modernistischen Bauten, ein oder zwei **patatas bravas** mit scharfer Soße, genießen Sie einen Abstecher an die wunderschönen naturbelassenen Strände um Barcelona herum und tauchen Sie ein in die Welt der katalanischen Musik. Nun aber *anda, anda*, auf zu unserem ersten Halt – ein bisschen Geschichte, gut portioniert in leicht verdaulichen Häppchen, um die Kultur und die Verhaltensweisen der Katalanen besser verstehen zu können.

Die Stadt und ihre Faszinationen

In den folgenden Kapiteln werden Sie Barcelona kennenlernen, wie Sie es noch nie zuvor getan haben. Nachdem Sie ein wenig in die Geschichte der Stadt reingeschnuppert haben, zeigen wir Ihnen Barcelonas verschiedene Stadtteile mit all ihren Geheimnissen und Highlights. Lernen Sie danach etwas über die Kunst, für die Barcelona weltberühmt ist: den Modernismus oder die Modernisme. Danach entführen wir Sie auf eine Geschmacksreise und erklären Ihnen, welchen Fauxpas Sie in

Barcelonas Restaurants auf keinen Fall begehen sollten. Daraufhin geben wie Ihnen natürlich auch praktische Tipps in Bezug auf die Fortbewegungsmöglichkeiten, die die Stadt Ihnen bietet. Lassen Sie sich danach überraschen von den Highlights der Stadt – ich verspreche Ihnen, dass Sie von einigen noch nie gehört haben werden. Zum Schluss werden Sie mit exklusiven Geheimstipps ausgestattet, um nicht wie die Mehrzahl der Touristen nur die bekannten Punkte der Stadt abzuklappern. Mit unserer ausgewählten Wörterliste am Ende des Buches sind Sie bestens gewappnet, um sich in der wunderschönen Stadt zurechtzufinden und sich austauschen zu können. Und nun bleibt nur noch eines zu sagen: Viel Spaß – oder: *T'ho passaràs molt bé*!

BARCELONAS GEISTER: SPANIEN ODER KATALONIEN?

Auch wenn sich im Moment so einiges in der weltpolitischen Situation verändert, so waren es in den letzten Jahren doch immer wieder die Aufstände in Barcelona, die die deutschen Nachrichten erschüttert haben. Die Zugehörigkeit zu Spanien ist ein unglaublich heikles Thema, welches von vielen Katalanen gerne als Aufhänger zum stundenlangen Streit genutzt wird – Barcelona ist ja schließlich nicht umsonst das wirtschaftliche Zentrum Spaniens, während beispielsweise der Süden gerne als eine der fauleren Regionen angesehen wird, für die Katalonien schuften muss.

Klar ist, dass dieser Konflikt nicht in diesem Reiseführer abgehandelt werden kann oder soll, dennoch ist es immer hilfreich, ein wenig Hintergrundwissen zu haben, um bei der ein oder anderen Meinungsverschiedenheit, die sicherlich aufkommen wird, sobald man das Gespräch mit Einheimischen sucht, mitreden zu können, schlagkräftige Argumente zur Hand hat und mitunter die gesamte Situation aus einem verständnisvolleren Blickwinkel betrachten kann.

Barcelonas Geschichte ist geprägt von seinem Streben nach Unabhängigkeit: Die Mehrheit der Katalanen sieht ihre Kultur als von Spanien unabhängig an und blickt man auf die Geschichte zurück, so erscheint einem das mitunter manchmal sinnvoll: Zwar wurde auch Katalonien, so wie Spanien, erst von den Römern und später von den Mauren erobert, jedoch wird die Grafschaft Barcelona im Jahr 988 nach Christus als autonom und damit unabhängig erklärt. Es expandiert wirtschaftlich und so kommt es, dass auch heute noch auf den Balearen, in Valencia, auf Menorca und Mallorca katalanisch gesprochen wird. Barcelona soll seine Autonomie aber nicht allzu lange behalten: Während des spanischen Bürgerkriegs und Franco (1936-39) wird ihm sein Autonomiestatus aberkannt und fortan soll die katalanische Lebensweise und Sprache brutal unterdrückt werden. Deswegen ist es kein Wunder, das Katalonien heutzutage so erpicht darauf ist, Katalanisch als einzige Sprache durchzusetzen. Erst im Jahre 1975, Francos Todesjahr, wird Katalanisch zur Amtssprache, neben Spanisch, Galicisch und Baskisch. 1979 wird es zu einer autonomen Region und hat es sich seitdem zum Ziel gesetzt, sich nie wieder durch Spanien unterdrücken zu lassen. Ob und wie sich diese Geschichte weiterentwickeln wird, steht noch in den Sternen, Fakt ist jedoch, dass beide Seiten, Spanien und Katalonien, nachvollziehbare Argumente anbringen, warum Katalonien unabhängig werden soll oder nicht.

SICH ZURECHTFINDEN: BARCELONAS BARRIS

Barcelona ist unterteilt in unterschiedliche Distrikte – in Paris nennt man sie *arrondissements,* in Berlin *Kieze,* in London *districts* oder in den meisten Teilen der Welt einfach Stadtteile. Um Ihnen zu helfen, sich in ihrer neuen Lieblingsstadt besser zurechtzufinden, werden wir nun die einzelnen *barris* genauer kennenlernen.

Die 10 großen Bezirke sind *Ciutat Vella, Eixample, Gràcia, Horta – Guinardó, Les Corts, Nou Barris, Sant Andreu, Sant Martí, Sants – Montjuic und Sarrià – Sant Gervasi.* Damit Sie nicht den Überblick verlieren, werden wir nun nur die Regionen in und angrenzend an die Innenstadt betrachten – zwar lohnt sich der Blick in beispielsweise die sagenhafte

Villengegend in Sarrià, wo nicht wenige der Fuß-
ballstars von Barça wohnen oder der wenig bekannte Irrgarten am Fuße des Tibidabo, der in dem
Film „Das Parfum" als Drehort dient – jedoch tummeln sich die Attraktionen vor allem in der Innenstadt, sodass man diese in der kurzen Zeit, die man
hat, den landläufigen Wohnregionen im Umland
vorziehen sollte. Bringen Sie jedoch etwas mehr
Zeit mit, so lassen Sie sich doch einfach treiben,
raus aus dem Rummel des Zentrums und rein in die
wundervollen Gärten, die langen Straßen und die
riesigen Berglandschaften, die immer einen Aufstieg wert sind!

Die meiste Geschichte beinhaltet wohl die Altstadt, *Ciutat Vella*: diese wiederum ist unterteilt in
unterschiedliche *barris*, allen voran das *barri gòtic*,
welches von wunderschönen alten Gässchen nur so
strotzt, in denen es sich lohnt, sich zu verlaufen.
Nehmen Sie sich am besten einen Nachmittag Zeit,
um durch die kleinen Straßen zu streunen, das ein
oder andere Foto zu machen und bei *churros* und
heißer Schokolade mit Sahne das rege Treiben zu
beobachten. Auch findet sich hier die wunderschöne altehrwürdige Kathedrale von Barcelona, sowie

im Norden die Plaça Catalunya, an welcher man schnell neue Bekanntschaften findet, den ein oder anderen Schatz bei den Straßenverkäufern entdeckt oder versucht, vor den zahllosen Tauben zu flüchten, die sich dort tummeln. Ein weiteres *barri* ist das Ribera, sozusagen das Hipster-Viertel Barcelonas: Hier treffen sich Geschäftsleute, junge Studenten und alternde Autoren, um im Café zu entspannen, den Arc de Triomf zu begutachten, im Parc de la Ciutadella spazieren zu gehen oder den „Palast der katalanischen Musik" zu besuchen.

Auf der anderen Seite des barri gòtics findet man das Raval, westlich der bekannten Einkaufsstraße und Touristenansammlung La Rambla, im Süden noch immer ein alter Rotlichtbezirk, im Norden mittlerweile voll hipper Restaurants, Museen und dem bekannten Skateplatz für junge Leute vor dem Museum für gegenwärtige Kunst MACBA. Nachts kann es hier schon einmal etwas gefährlich werden, tagsüber sind Sie jedoch sicher. Leider jedoch nicht vor Taschendieben, welche sich überall in Barcelona tummeln, vor allem jedoch im Raval, also aufgepasst! 50 % der Bevölkerung im Raval kommt von außerhalb Spaniens, was sich auch kulinarisch niederschlägt – hier findet man nordafrikanische Spezialitäten nebst indischen Raffinessen und pakistanischen Delikatessen.

Der letzte Teil der Altstadt ist La Barceloneta, direkt am Hafen gelegen: dies sind eng aneinander liegende Gourmet-Restaurants, Erasmus-Clubs am Strand und das W-Hotel, eines der Wahrzeihen Barcelonas (welches auch gerne mit dem Burj Al Arab von Dubai verglichen wird). Entstanden ist die Barceloneta, als König Felipe im Parc de la Ciutadella eine Festung bauen wollte und somit die dort lebende Bevölkerung, vor allem Fischer und Fabrikarbeiter, in den Süden an den Strand drängte. Dies erklärt, warum sich dort auch heute noch viele Baracken und ältere Häuser finden lassen.

Dies bedeutet aber auch, dass Sie dort in einem der zahllosen Restaurants entlang der Strandpromenade köstliche Fischspezialitäten entdecken können. Es lohnt sich jedoch, etwas länger zu suchen – mitunter stößt man leider auch schnell auf weniger gute Fisch-Gaststätten, die Qualität zu billigen Preisen versprechen. Die Strandpromenade wurde übrigens erst im Jahr 1992, pünktlich zu den Olympischen Sommerspielen, erbaut. Dadurch modernisierte sich das gesamte Viertel und leider stiegen und steigen kontinuierlich die Mietpreise an, nicht zu guter Letzt auch durch die Überflutung an Touristen, welche ihre AirBnB-Unterkunft gerne direkt am Strand möchten. Passen Sie außerdem am Strand auf, wenn zwielichtige Gestalten Ihnen Alkohol zu spottbilligen Preisen anbieten möchten – vor einigen Jahren starben mehrere Touristen an diesen Getränken, also gönnen Sie sich lieber ein Gläschen Caipirinha in der nächstgelegenen Strandbar für ein oder zwei Euro mehr.

Der nächste Stadtteil, in den ich Sie entführen möchte, ist das Eixample (katalanisch für „Erweiterung"): Dieser moderne Stadtteil ist geprägt von langen und gerade Straßen, die in quadratischen Rastern angelegt sind. Die wichtigste Straße ist der Passeig de Gràcia, auf welchem sich viele internationale Kleidermarken befinden. Breite Alleen säumen die visionäre Architektur und viele Restaurants und Hotels kümmern sich um die Scharen an Touristen, die die Sagrada Familia besichtigen kommen. Hier lohnt es sich übrigens, sein Ticket im Voraus online zu buchen – die Schlangen sind bekanntermaßen zu jeder Jahreszeit lang und es kommt vor, dass man stundenlang ansteht und am Ende dann doch kein Ticket für den jeweiligen Tag erhält.

Unser nächster Stopp ist Gràcia, im Norden von Eixample. Gegründet wurde es 1626, als unabhängige Gemeinde, bis es 1897 an Barcelona angeschlossen wurde. Dies schlägt sich auch in der Bevölkerung nieder – fast nirgends findet man solch einen hohen Anteil an Einheimischen trotz der zentrumsnahen Lage. Auch kommen andere Katalonier aus ferneren Stadtteilen abends nach Gràcia, um sich ein Glas Wein oder die beste Pizza der Stadt bei „Dario Pizza" in der Carrer de Vic, 25, zu gönnen.

Am besten lassen Sie den Abend in unserem letzten Bezirk, Sants-Montjüic, ausklingen. Dieser umfasst den süd-westlichen Teil Barcelonas und ist der größte Bezirk der Stadt. Im östlichen Teil davon, dem Poble Sec, gibt es sehr gute Bars und Restaurants, um ungezwungen nach der Arbeit anzustoßen oder sich mit Freunden zu treffen. Den Kern des Bezirks bildet der Parc de Montjüic, Der Montjüic ist 170 Meter hoch – man kann diese zu Fuß oder mit Seilbahn erklimmen. An den Aufstieg macht man sich jedoch am besten morgens, wenn die Sonne noch nicht im Zenit steht. Auch findet man hier die *Fontana Magica*, der magische Springbrunnen, welcher abends mit tausenden Farben beleuchtet ist und für Einheimische wie Touristen gleichermaßen ein unglaubliches Spektakel mit musikalischer Zulage darstellt.

Nun haben Sie einen guten Überblick über die wichtigsten Teile der Metropole bekommen, können sich geographisch besser zurechtfinden und haben den ein oder anderen Anreiz bekommen. Doch lassen Sie uns nun einmal genauer betrachten, welche Elemente bei Ihrem unvergesslichen Barcelona-Urlaub auf keinen Fall fehlen dürfen!

IM CHARME DES MODERNISME – BARCELONAS KUNST

Barcelona ist bekannt für seine wunderschöne, modernistische (der Modernisme ist die katalonische Form des Jugendstils) Architektur und Kunst, allen voran kreiert durch den Künstler Antoni Gaudí. Daneben trugen vor allem Joan Miró, Pablo Picasso und Salvador Dalí (der aus der Stadt Figueres kam, die etwas von Barcelona entfernt liegt und sich definitiv für einen Tagesausflug lohnt, um auf Dalís Spuren zu wandeln) dazu bei, dass Kunst in Barcelona heutzutage allgegenwärtig ist.

1. Touristen wie Einwohner Barcelonas streiten sich gerne darüber, ob sich der Eintritt für das Picasso Museum lohnt. Sicher, die Hauptwerke des bekannten Künstlers werden Sie hier nicht finden, die hängen in seiner Heimatstadt Málaga oder im berühmten Museum „Prado" in Madrid. Dennoch, das Museum in Barcelona hat dafür die größte Sammlung von Pablo Picasso weltweit. Es werden vor allem die Werke ausgestellt, die während seiner Jugend entstanden sind, aber auch Werke aus späteren Schaffensmethoden können bewundert werden. Ein besonderes Highlight dürfte dabei die Gemäldeserie „Las Meninas" von Picasso sein, welche Weltruhm erlangt hat. Das Museum befindet sich in der Straße Montcada, 15-35 (es besteht aus fünf zusammenhängenden Gebäuden), in 08003 Barcelona. Montags ist es geschlossen, dafür hat es von Dienstag bis Sonntag immer von 10 bis 20 Uhr geöffnet. Der Eintrittspreis liegt derzeit bei 11 €.

2. Ein weiteres interessantes Museum ist die Fundació Joan Miró im Parc de Montjüic. Mirós moderne Kunst findet hier auf mehreren Etagen Platz. Insgesamt beherbergt das Museum über 10.000 Gemälde und Zeichnungen sowie Skulpturen und sogar Teppiche des Künstlers. Der Eintrittspreis ist 10€.

3. Das Museu Nacional d'Art de Catalunya (kurz MNAC) am Fuß des Montjüic, direkt gegenüber der Fontana Magica, ist ein Konsortium der Stadt Barcelona und des Katalanischen Kultusministeriums. Allein schon wegen der Innenarchitektur des prächtigen Gebäudes lohnt sich der Preis von 10 €. Geöffnet hat das Museum zu unterschiedlichen Zeiten, die sich am besten auf der Homepage abfragen lassen.

4. Das MACBA, das Museum für zeitgenössische Kunst, liegt an der Placa dels Angels 1 und kostet nur 8 € Eintritt. Es beherbergt neben Kunst aus der zweiten Hälfte des 20. Jahrhunderts sowie zeitgenössischer Kunst auch immer wieder Sonderaus-

stellungen von weniger bekannten Künstlern. Direkt davor findet sich der bekannte Skateplatz, auf dem Jugendliche ihre Stunts zum Besten geben, bejubelt von den Gästen in den angrenzenden Restaurants. Auch wenn Sie nicht unbedingt in das Museum gezogen werden, so lohnt es sich, wenigstens kurz daran vorbei zu schlendern.

5. Die Casa Battló am Passeig de Gràcia im Eixample ist ein Wohn- und Geschäftshaus, errichtet von Antoni Gaudí. Die farbenreiche Fassade zieht Touristen aus nah und fern an und erglüht abends gerne in satten, beleuchteten Farben. Seit 1962 steht die Casa Battló unter Denkmalschutz und ist außerdem ein UNESCO Weltkulturerbe.

6. Die Casa Milà ist ein weiteres Prachtstück Gaudís, auch gelegen am Passeig de Gràcia. Zu seiner Zeit hielt man in Barcelona nicht sehr viel von dem modernistischen Gebäude und so wurde ihm bald sein heute wohlbekannter Spottname „La Pedrera" (Der Steinbruch) zugewiesen. Auch dieses Gebäude wurde zum UNESCO Weltkulturerbe erklärt.

KATALONIENS SÜNDHAFT LECKERE KÜCHE

Barcelonas Küche ist unumstritten eine der besten der Welt. Facettenreich, geschichtsträchtig und die perfekte Verbindung von Meer und Gebirge. Lassen Sie sich verwöhnen mit Fischeintopf, karamellisierter *Crema Catalana*, kreativen Kombinationen aus Fleisch und Schokolade, Paella in allen möglichen Farben und mit allen möglich Bestandteilen, der *Esqueixada*, einem innovativen Stockfischsalat, frischen Meeresfrüchten direkt aus dem hauseigenen Meer, Fleisch aus dem Gebirge, Obst und Gemüse von den Plantagen, die Barcelona umgeben, Reis aus dem Ebrodelta und all diesen Ingredienzien gemischt mit kulturellen Einflüssen aus dem nicht weit entfernten Baskenland, der italienischen Küche, der französisch sowie der maurischen und Gewürzen aus aller Herren Länder.

Katalanische Küchenchefs sind in der Regel sehr experimentierfreudig, haben Rezepturen veredelt und sich so einen Namen gemacht, allen voran der weltberühmte Sternekoch Ferran Adrià, dessen Restaurant sie in Barcelona besuchen können – eine Reservierung empfiehlt sich jedoch und man sollte sich im Klaren darüber sein, dass es sich um ein Restaurant gehobener Preisklasse handelt.

Achten Sie jedoch darauf, dass die Essenszeiten und Essgewohnheiten in Spanien sich erheblich von denen in Deutschland unterscheiden: so wird das Abendessen normalerweise nicht vor neun Uhr abends serviert. Dafür bleibt man stundenlang beim Essen. Tapas sind eigentlich aus dem Empfinden heraus entstanden, eine Beilage für Gespräche zu haben und nicht andersherum. Tapas zu essen gehört zu den unterhaltsamsten Dingen, die man im Urlaub machen kann, da der Fokus nicht auf dem Essen, sondern auf dem Vergnügen liegt. Es geht darum unterwegs zu sein, Freunde zu treffen, verschiedene Bars auszuprobieren und die Zeit zu vergessen. Achten Sie also am besten darauf, dass die Bar, auf die Sie ein Auge geworfen haben von vielen Einheimischen besucht wird – somit vermeiden Sie die typischen Touristen-Fallen und können sicher sein, eine authentische Bar gefunden zu haben. Außerdem sollte Ihnen bewusst sein, dass die Spanier weniger Sicherheitsabstand benötigen als wie Deutschen. Das bedeutet, dass eine gute Bar auch gerne „gerammelt voll" sein kann, wie man so schön sagt und eine eher für den Deutschen angenehme Besucherzahl oftmals ein Indikator dafür ist, dass es bessere Bars gibt. Kommen Sie also auch nicht mit der Vorstellung in die Bar, jedes Wort ihres Gesprächspartners verstehen zu müssen.

Allerdings gibt es bei Restaurants so einige Regeln zu beachten: So wartet man in Spanien im Restaurant, bis man einen Platz zugewiesen bekommt und sucht sich nicht einfach wie in Deutschland seinen eigenen Platz. Man setzt sich auch unter keinen Umständen zu anderen Gästen an den Tisch. Speziell in gehobenen Restaurants wird die bayerische Biergartenmentalität nicht gerne gesehen.

Die Rechnung wird – die Kellner sind dafür sehr dankbar – nicht wie in Deutschland aufgeteilt, sondern in einer Summe bezahlt. Dies mag für die Gäste etwas umständlich sein, ist aber nicht verhandelbar. Das Trinkgeld beträgt dabei meist zwischen 5 % und 10 % der Rechnungssumme. Das Rauchen in Restaurants ist uneingeschränkt verboten, bitte achten Sie unbedingt darauf, diesem Gebot nachzukommen.

Auch der Weintourismus ist in Katalonien ein boomender Wirtschaftszweig. Der Wein und Sekt haben in Katalonien einen besonderen Stellenwert. So gibt es sogar sogenannte Weinrouten, um den Ort der Herkunft berühmter katalanischer Weine zu erkunden.

Und zum Schluss kommt noch mein kleiner Geheimtipp und absolutes Highlight, was meine kulinarische Reise durch Barcelona betrifft: Das Restaurant „Els Quatre Gats" (Die vier Katzen) im gotischen Viertel. Der Name leitet sich vom Künstlercafé „Le chat noir" (Die schwarze Katze) in Paris ab. Das stilvoll eingerichtete Restaurant bietet erstklassige Speisen zu leicht gehobenen Preisen, wobei das Essen meist mit Live-Musik untermalt wird. Das Restaurant selbst war zwischen 1897 und 1903 ein Café und Kabarett und wurde durch den Besuch verschiedener Künstler bekannt. Pablo Picasso oder Salvador Dalí beispielsweise nutzten es als wiederkehrenden Treffpunkt oder um bei einem Kaffee ihrer Kreativität freien Lauf zu lassen. Davon zeugt heute nun auch die Inneneinrichtung des Restaurants. Das originale „Els Quatre Gats" verfiel nach seiner Schließung im Jahre 1903, wurde jedoch nach Francos Tod restauriert und wieder neu eröffnet.

SICH BEWEGEN IN KATALONIENS METROPOLE

In Barcelona hat man viele verschiedene Möglichkeiten, sich fortzubewegen. Das gut ausgebaute Metronetz ist wahrscheinlich die unkomplizierteste Methode. In Barcelona gibt es 13 Metrolinien, jede davon ist durch eine andere Farbe gekennzeichnet. Mit der Metro Transportkarte kann man all diese Linien sowie die Seilbahn vom Montjüic, die Tram und alle städtischen Buslinien nutzen. Daneben gibt es aber auch ein ebenso gut ausgebautes Busnetz. Hierbei ist zu beachten, dass die Spanier sehr viel herzlicher miteinander umgehen – das bedeutet, dass man beim Einsteigen in den Bus den Busfahrer grüßt und sich meistens auch beim Aussteigen für die Fahrt bei ihm bedankt. Dieser direkte Kontakt wird von den meisten Touristen als sehr bereichernd empfunden. Die städtischen Busse sind dabei mit roter und weißer Farbe gekennzeichnet, während die Nachtlinien gelb und schwarz sind. In der Innenstadt braucht man keine Angst zu haben, zu später Uhrzeit den Bus zu nehmen. Je weiter man nach außen kommt, desto besser sollte man Acht geben. Neben Bus und U-Bahn gibt es aber auch noch zahlreiche Straßenbahnen, Seilbahnen für die großen Berge und eine große Anzahl an Taxis. Um eines davon anzuhalten, braucht man meist nur den Arm zu heben und zu winken. Daneben gibt es auch noch mehrere Taxistände. Was die Straßenbahnen betrifft, so gibt es zwei Linien, die jeweils in drei weitere Linien aufgeteilt sind.

Natürlich ist es gerade im Sommer sehr schön, mit dem Fahrrad unterwegs zu sein. Barcelona hat dafür ein eigenes System entwickelt, jedoch ist es nur möglich, diese Stadtfahrräder auszuleihen, wenn man dafür angemeldet ist. Und für ebendiese Anmeldung benötigt man eine NIE, eine spezielle Nummer, die man nur auf bestimmten Ämtern erhält. Wie Sie sehen, lohnt es sich also für den gemeinen Touristen nicht, sich in diesem System anzumelden. Jedoch gibt es zahlreiche Shops, die sich auf das Ausleihen von *bicis*, Fahrrädern speziell für Touristen, spezialisiert haben. Die Preise können stark variieren, deswegen lohnt es sich, einige nah beieinander gelegene Shops zu begutachten und die Preise zu vergleichen. Helme werden meist nicht ausgeliehen, da die Mehrheit der Spanier diese nicht benutzt. Achten Sie jedoch bitte unbedingt auf Ihre Sicherheit und fragen Sie explizit nach einem.

Alltags Tipps

Eine spanische Sim-Karte: Als die beste Alternative erweist sich normalerweise *Lebara*, allerdings können hier die Tarife wöchentlich variieren, sodass es sich je nach Länge des Aufenthalts lohnt, sich in einem der zahlreichen Shops beraten zu lassen. Halten Sie allerdings Ihren Pass bereits – anders als in Deutschland braucht man diesen in Spanien selbst, um nur eine einfache Prepaid-Karte kaufen zu dürfen.

- Neben all den schicken Hotels am Strand und in Eixample gibt es natürlich auf das genaue Gegenteil, extrem billige Hostels, meist in den eher düsteren Ecken Barcelonas. Eine tolle Mischung ist dabei das Hostel Casa Gràcia, direkt am Passeig de Gràcia gelegen. Dieses bietet zu billigen Preisen eine komfortable Küche mit kompletter Ausstattung zum selbst kochen, sodass man hier auf längere Sicht gesehen viel Geld sparen kann und gleichzeitig definitiv gemütlicher wohnt als in den anonymen Hostels mit kargem Bad und ohne Küche. Zudem sind die Zimmer in der Casa Gràcia wunderschön, garantiert sauber und das Team ist sehr sympathisch.

- In Spanien gibt es sehr viele verschiedene Supermärkte. Nach einigen Einkäufen wird aber schnell klar, das *Mercadona* der billigste davon ist.

- Falls Sie gerne gut und günstig essen gehen, so schauen Sie sich am besten im Univiertel um. Barcelona hat zwei große Universitäten, die UB, die Universidad de Barcelona, und die UAB, die Universidad Autónoma de Barcelona, welche weiter außen gelegen ist. Im Umkreis der Universidad de Barcelona, die mitten im Herzen von Barcelona beheimatet ist, ist es leicht, ein leckeres Sandwich (*bocadillo*) für weniger als 4 € zu bekommen, wofür Sie im Rest der Stadt lange suchen müssten.

Sollten Sie sodann bereits in Universitätsnähe sein, lohnt es sich definitiv, einen Blick hinter die wunderschöne Fassade der alten Universität zu werfen – sie ist für jeden geöffnet und im Inneren finden sich kleine Springbrunnen, Bänke zum Verweilen und eine wundervolle Architektur.

- Erkunden Sie, wenn körperlich möglich, so viel wie möglich zu Fuß. Ja, es kann manchmal, gerade in den heißen Sommermonaten sehr anstrengend sein, aber es lohnt sich. Zu Fuß durch die Straßen zu laufen öffnet den Blick für die kleinen Highlights der Stadt, an denen Sie sonst vorbeigefahren wären. Und es ist immer Zeit, um kurz am Straßenrand bei einem leckeren Eis eine Verschnaufpause einzulegen.

- Was das WLAN in Barcelona betrifft, so gibt es an ausgewiesenen Punkten kostenlosen Internetzugang. Diese Hotspots erkennt man an den blauen Schildern mit einem großen W darauf. Von 8 bis 22 Uhr kann man hier (nachdem man sich registriert hat) gratis im Internet surfen.

- Gaudí war definitiv ein Genie, seine Werke sind weltberühmt, sie prägen Barcelonas Stadtbild und haben ihren Ruhm sicherlich verdient – aber er allein ist nicht verantwortlich für Barcelonas atemberaubendes Stadtbild. Es lohnt sich also, den Blick bei einem Spaziergang schweifen zu lassen und so Künstler zu entdecken, von denen man zuvor vielleicht noch nie gehört hat.

- Nehmen Sie sich wenn möglich Zeit für Ihren Barcelona-Trip. Denken Sie daran, dass Sie durch die Sonne sowieso geschafft sein werden und Barcelona mit seinen vielen Menschen und seinem Trubel kann auf die Dauer auch etwas anstrengend sein, Sie sollten mindestens einen Tag zum Erholen einplanen und Barcelona hat so viel zu bieten, dass es schade wäre, an all den wundervollen Dingen vorbei zu hasten, nur um sie von der imaginären Liste streichen zu können.

- In Barcelona spielt sich so ziemlich alles auf der Straße ab. Dafür sind die Wohnungen auch sehr viel kleiner und meist nicht so ausgeklügelt gebaut wie beispielsweise in Deutschland. Das Wetter ist schließlich (fast) immer gut, man trifft hier gerne Bekannte und tauscht sich aus, und die Wohnungen könnten aufgrund ihrer Größe und Hellhörigkeit sowieso keine große Gesellschaft beherbergen.

- Sollten Sie es nicht unbedingt müssen, so vermeiden Sie es am besten, in Barcelona im Auto selbst hinter dem Steuer zu sitzen. Meist endet dies in einem Heulkrampf, wenn man eine halbe Stunde nicht aus dem Kreisverkehr herauskommt und jede Sekunde Gefahr läuft, von einem hupenden Autofahrer auf die nächste Bahn geschoben zu werden. Barcelona und Spanien im Allgemeinen haben zwar ihre Regeln, was den Verkehr betrifft, diese sind für Ausländer aber oft sehr schwer zu erschließen.

- Marihuana ist in Barcelona nicht so verpönt oder außergewöhnlich wie in Deutschland. So kann es gut passieren, dass ihnen an der Straßenecke ein ungewöhnlicher Duft in die Nase steigt oder in der Bar neben Ihnen gepafft wird. Falls Ihnen dies unangenehm ist, können Sie können Ihre Nachbarn natürlich darum bitten, aufzuhören – diesem Gesuch wird jedoch nur selten stattgegeben werden und Sie tun besser daran, einfach den Platz zu wechseln anstatt sich aufzuregen.

- Natürlich möchte man gerne seine Urlaubsfotos schießen, ohne Massen an Touristen im Hintergrund zu fotografieren. Allerdings glauben manche

Besucher, dass dies in der Nebensaison wohl am einfachsten ist und wundern sich im Februar über die immer noch hohe Anzahl an Touristen. Der Trick hierbei ist: Der frühe Vogel fängt den Wurm. Stehen Sie am besten früh auf (die Sonne lässt sich zum Glück sowieso bereits am frühen Morgen blicke) und laufen Sie zu Ihren Lieblingsspots, um Ihre schönsten Fotos zu schießen.

- Grundsätzlich ist Barcelona zu jeder Reisezeit ein beliebtes Reiseziel, allerdings empfiehlt es sich, die Wintermonate wenn möglich zu meiden, da es erstens durchaus einmal regnet und spanische Wohnungen zweitens meist keine Heizung besitzen, sodass es gerade nachts unglaublich kalt werden kann und die dünnen Decken in den Betten nicht wirklich eine große Hilfe sind.

- Abends ist es auf den Ramblas del Mar, direkt am Hafen gelegen, wunderschön. Man findet hier das perfekte lauschige Plätzchen am Wasser, um sein Feierabendbier zu genießen oder den ein oder anderen Plausch zu halten. Zudem ist es hier nicht so überfüllt wie auf der eigentlichen Rambla.

- *Manana, manana*? Das Klischee, dass man es in Barcelona bzw. in Spanien allgemein nicht so genau nimmt mit der Zeit, wird gerne weiterverbreitet. Deutschland und Spanien unterscheiden sich in diesem Punkt auf jeden Fall. Während man in Deutschland gerne eines nach dem anderen macht, versucht sich der gemeine Spanier gerne als Multitasker. Das bedeutet, dass er gleichzeitig auch flexibler sein muss, was Termine angeht. Insofern sollte man sich dieser Tatsache in Barcelona bewusst sein und keine zu hohen Erwartungen an die Pünktlichkeit stellen, genauso wie es einem nicht übel nehmen, wenn man etwas überpünktlich ist.

- Allgemein ist auch der ganze Tagesrhythmus in Spanien etwas anders als in Deutschland: Frühstück, Mittag- und Abendessen finden später statt als in Deutschland. Manchmal gibt es aber das sogenannte „Abendessen für Touristen", das für Spanier zu unüblich frühen Zeiten stattfindet und man somit hier auch niemals auf Einheimische treffen wird. Durch die unterschiedliche Zeit bedingt sind auch die Ladenöffnungszeiten anders als in Deutschland: Meist öffnen die Supermärkte um 9 Uhr und schließen gegen 22 oder 23 Uhr, oftmals haben kleinere Läden sogar noch länger offen.

Auch die Arbeitszeiten der Spanier unterscheiden sich dementsprechend von denen der Deutschen.

- In Barcelona macht man manchmal, wie eigentlich in ganz Spanien, *siesta*. Das bedeutet, während der Zeit von ca. 14 bis 17 Uhr sind vielfach Büros und Geschäfte geschlossen. Auch dies trägt dazu bei, dass der Arbeitstag sich verlängert und die Läden länger offen haben. Da es, gerade früher zu der Zeit, zu der es noch keine Klimaanlagen gab, mittags in Spanien fast unerträglich heiß wird im Sommer, pausierte man seinen Tag. Heutzutage allerdings ist die *siesta* nicht mehr überall üblich und gerade im etwas kühleren Norden gibt es Bestrebungen, sie ganz abzuschaffen.

- Wenn Sie den Katalanen ein Lächeln entlocken wollen, versuchen Sie, ein paar Brocken Katalanisch zu sprechen. Natürlich sprechen die Katalanen spanisch fließend, nichtsdestotrotz ist Spanien ein mehrsprachiges Land mit vier offiziellen Sprachen und die Katalanen sind, gerade aufgrund der jahrelangen Unterdrückung ihrer Muttersprache während des Franco-Regimes, sehr stolz auf ihre Sprache. Es gibt sogar Bestrebungen, dass Katalanisch die einzige offizielle Sprache von Katalonien sein soll. So oder so tun Sie gut daran, sich an einzelnen Worten auf Katalanisch zu versuchen. Dabei ist es egal, ob diese korrekt sind – die Katalanen freuen sich immer, wenn man es versucht!

- In Deutschland ist es üblich, fremde oder weniger intime Bekanntschaften zu Siezen. Zwar gibt es diese Form auch im Spanischen, jedoch wird sie sehr selten benutzt – wundern Sie sich deswegen nicht, wenn Sie geduzt werden sollten, dies ist auf keinen Fall ein Zeichen von fehlendem Respekt!

- In Barcelona sind *bocadillos*, also Sandwiches, sehr angesagt. Belegt mit Köstlichkeiten wie gegrilltem Gemüse, *jamón, queso*, Meerestieren oder verschiedenen Fleischsorten ist hier für den jeden Geschmack etwas dabei. Gerade bei Ihrem Städtetrip ist ein *bocadillo* Ihr perfekter Bergleiter zur Mittagszeit: Kein lästiges Warten in Restaurants, kein hastiges Herunterschlingen des Nachtischs, weil noch fünf weitere Sehenswürdigkeiten warten.

- Wenn Barcelonas Fußballmannschaft „Barça" spielt, wird ist die Rambla brechend voll mit Fans, die während des Spiels zum Public Viewing gehen – und nach dem Spiel ist es gut möglich, dass die

Nationalspieler die Rambla im Bus herunterfahren und Sie einen Blick auf Thiago und Co. werfen können!

- Was das Thema Müll angeht, so ist Barcelona leider noch nicht sehr fortgeschritten: jeglicher Müll wird meist in ein und denselben Behälter geworfen, Mülltrennung ist oftmals ein Fremdwort. In manchen Bereichen von Spanien ist es sogar nicht unüblich, im Restaurant seinen Müll auf den Boden zu werfen; in Barcelona kann ich Ihnen dies allerdings definitiv nicht empfehlen!

- Sollen Sie ein Fan des deutschen Schwarzbrotes sein und niemals ohne es in den Tag starten können, so empfiehlt es sich, einen Laib einzupacken – in Barcelona werden Sie zu 99 % kein Schwarzbrot vorfinden.

SHOPPING IN BARCELONA

Egal ob jung oder alt, Barcelona bietet für jeden Geschmack etwas – von schicken Boutiquen in den großen Einkaufsstraßen über unbekannte Einzelläden in kleinen Hinterhöfen hin zu bekannten spanischen Ketten in großen Einkaufszentren.

Was die bekannten Geschäfte angeht, so sind Stradivarius, Bershka, Mango und Zara sehr zu empfehlen (denn ja, man glaubt es kaum, all diese bekannten Marken sind original spanischer bzw. katalanischer Natur). Am besten geht man hierfür in die Fußgängerzone der Avenida Portal de l'Àngel. Eine andere Adresse ist der Passeig de Gràcia, an dem sich Nobelboutiquen und Parfümerien aneinanderreihen. Eine dritte Straße wäre die Avinguda Diagonal, die quer durch Barcelona verläuft. Im oberen Bereich der Allee befindet sich sogar noch ein Kaufhaus vom Corte Inglés, und das Shoppingcenter La Illa. Zweigt man nun von diesen großen Einkaufsstraßen in eine der kleineren Gässchen ab, erwarten einen exquisite, gut sortierte Einzelhandelsshops, die für jeden etwas zu bieten haben. Abgesehen davon gibt es natürlich noch die großen Einkaufszentren wie den Corte Inglés direkt an der Plaça Catalunya (wobei dieser mit einem etwas teureren Karstadt verglichen werden könnte oder mit den Galéries Lafayette in Paris), das Maremagnum am Hafen oder las Arenas, in denen Touristen die gleichen Preise zahlen wie Einheimische – was leider bei den Läden auf der Rambla anders aussieht. Das Maremagnum beherbergt dabei die etwas teureren Läden. Aber allein schon ein Streifzug durch das schöne Gebäude, direkt am Hafen gelegen, lohnt sich und man muss dabei noch nicht einmal unbedingt Geld ausgeben – außer vielleicht für ein Eis in der Häagen-Dazs Eisdiele, die gemeinerweise direkt am Ausgang gelegen ist und um die man eigentlich fast nicht herumkommt.

BARCELONAS HIGHLIGHTS: EINE EXKLUSIVE AUSWAHL

Barcelona ist unbestritten eines der beliebtesten Ziele, wenn es um Städtereisen geht. Viele Spanier beklagen den Tourismus-Boom, welcher die Mieten steigen lässt und somit immer mehr Einheimische aus der katalanischen Hauptstadt drängt. Nichtsdestotrotz liegt es auf der Hand, dass die günstigen Flüge und Hotels Touristen geradezu anlocken. Es hilft sicherlich auch nicht, dass die pulsierende Metropole eine irrsinnige Anzahl an Attraktionen anbietet, welch so nah beieinander liegen, dass es fast am klügsten ist, diese zu Fuß zu beschreiten. Aus diesem Grund ist der folgende Abschnitt als ein

Stadtspaziergang konzipiert – lassen Sie sich entführen an wundersame Orte, moderne Museen, lebendige Einkaufsstraßen und altehrwürdige Bauten!

Wir starten mitten in der Stadt, in dem uns bekannten gotischen Viertel: Wuseln Sie doch einmal durch die geschäftigen, schmalen Gassen und bestaunen Sie dabei ein UNESCO-Welterbe, den Palau Guell, erbaut von Antoni Gaudí. Für 12 € können Sie das Haus und seine Terrasse auch von innen bestaunen – vertrauen Sie mir, wenn ich Ihnen verspreche, dass es sich lohnt! Denken Sie nur daran, genügend Zeit dafür einzuplanen.

Unser nächster Stopp ist die Rambla, auf der wir jedoch nur kurz verweilen möchten. Zwar ist diese Straße die bekannteste Einkaufspromenade von Barcelona, doch durch den Ansturm an Touristen tummeln sich hier Straßenverkäufer, deren Ware von sehr schlechter Qualität ist, sowie Taschendiebe, die trotz des hohen Polizeiaufkommens meist nicht geschnappt werden.

Wir können uns aber trotzdem einen kurzen Augenblick auf dieser Promenade gönnen, um zum Beispiel ein Bild von uns zeichnen zu lassen oder

Souvenir für unsere Liebsten zu erstehen. Ein Highlight der Rambla ist in jedem Falle der Mercado de La Boquería, ein Gaumenschmaus. Saftiges Obst, frischer Fisch, buntes Gemüse, herzhafter Schinken und eine Vielzahl an anderen Leckereien lassen jedes hungrige Herz höher schlagen.

Nachdem Sie sich gestärkt haben sind Sie bereit, sich in Richtung der bekannten Kathedrale (nein, nicht die Sagrada Familia) von Barcelona, die Santa Maria del Mar, treiben zu lassen. Man sollte sie auf jeden Fall gesehen haben, schließlich ist sie eines der Wahrzeichen der Stadt. Hier geben nachmittags und abends gerne Hobbymusiker ein Ständchen zum Besten oder es tummeln sich Touristen um einige Straßenkünstler, die auch gerne das Publikum mit einbeziehen.

Folgt man der Carrer del Bisbe, kommt man nun an den Plaça de Sant Jaume, wo sich das Rathaus Barcelonas sowie der Palast der katalanischen Autonomieregierung befinden. Nicht weit entfernt befindet sich das Picasso Museum, welches vor allem die frühen Werke des Künstlers ausstellt, die jedoch nicht weniger sehenswert sind.

Weiter geht es ins Barceloneta, wo die Stadt pulsiert: Gönnen Sie sich spanische Tapas, schlendern Sie am Hafen entlang und setzen Sie sich für einige Minuten an den Sandstrand, um Ihre Füße von den rauschenden Wellen umspielen zu lassen. Perfekt, um dem Nachmittagstief entgegenzuwirken!

Achten Sie jedoch darauf nicht einzuschlafen, wir haben schließlich noch viel vor. Lassen Sie uns weiterschlendern zum Parc de la Ciutadella, den wir bereits beim Stadtviertel La Ribera kennengelernt haben. Hier befindet sich der Sitz des katalanischen Parlaments sowie der Zoo. Falls Sie die Möglichkeit haben sollten, ein Fahrrad auszuleihen (die offiziellen Stadträder sind leider nur für Einwohner fahrbar), vergessen Sie nicht, durch den Park durchzuradeln. Den Namen bekam der Park durch seine große Zitadelle, um die herum er gebaut wurde. Als Vorbild wurde damals der Jardin de Luxembourg in Paris genommen und so finden sich heute viele Parallelen. Auch der Triumphbogen am Ende des Parks wurde in Anlehnung an seinen Bruder in Paris gebaut. Da die Zitadelle jedoch für die Eroberung Kataloniens durch Spanien stand und daher unter lautstarken Protesten abgerissen wurde, sodass sie heute nicht mehr in ihrer ursprünglichen Form aufzufinden ist. Zum Abschluss gehen Sie am besten zu der Font de la Cascada, dem großartigen Springbrunnen, der auch gerne für das ein oder andere Foto benutzt wird.

Um zu unserem nächsten Stopp zu kommen, der sagenumwobenen Sagrada Familia, kommen wir nicht am La Monumental, einer leeren Stierkampfarena vorbei. Da Katalonien als Vorreiter entschied, sich nicht mehr an Stierkämpfen, einer der ältesten und brutalsten Traditionen Spaniens, beteiligen zu wollen, findet an diesem Ort seit 2011 kein Kampf mehr statt. Anstelle dessen dient es nun für Konzerte und andere Veranstaltungen.

Nun kommen wir bei der Sagrada Familia an, dem Werk Gaudís, welches er durch seinen plötzlichen Tod nie zu Ende bringen konnte. Schon der Blick auf die Außenarchitektur raubt einem den Atem: nichts erinnert an die traditionellen Bestandteile einer Basilika, alles ist detailreich verziert und geschmückt. Jede Fassade beinhaltet eine Unmenge an außergewöhnlichen Details und eine gründliche Analyse würde wahrscheinlich Jahre in Anspruch nehmen. Sollte man es aber wagen, das Gebäude mit an anderen Scharen von Touristen zu betreten (die Wartezeit beträgt je nach Art des Tickets mehrere Stunden, der Eintritt liegt zwischen 15 und 30 €), so wird man nicht enttäuscht: wunderschöne bunte Farben erhellen das Innere, dicke Säulen aus unterschiedlichen Materialien stützen die himmelwärts strebende Decke und geben einem das Gefühl, sich im Freien zu befinden. Gaudí ließ sich gern von der Natur inspirieren und so fühlt man sich auch in diesem Gebäude, als ob an sich direkt unter der Krone eines weitläufigen Baumes befände.

Unser nächster Halt sind die Arenas de Barcelona, einer weiteren ehemaligen Stierkampfarena, direkt an der Plaça Espanya. Diese wurde nun zu einem Shoppingcenter umgebaut, auf dessen Dach man einen wundervollen Ausblick über die Stadt hat. Am einfachsten fährt man dafür mit den Fahrstühlen oder Rolltreppen direkt bis ins oberste Geschoss und erklimmt die letzten Treppen zu Fuß. Auch sollten Sie dabei die Playa Espanya nicht aus den Augen lassen: eine ihrer Straßen führt direkt zum pompösen Museum der katalanischen

Kunst, dessen Außenarchitektur mehr als nur beeindruckend ist. Zu seinen Füßen finden wir einen wasserfallartigen Brunnen, der abends gegen 21 Uhr, wie schon erwähnt, zu einer bunten musikalischen Attraktion umgewandelt wird. Durch die magische Beleuchtung, die passende Musik und die in die Höhe schießenden Wassermassen bildet die Font Magica einen Anzugspunkt für Touristen wie Einheimische.

Als nächstes zieht es uns zu der Burg Montjüic, welche, wenn man ihren Berg nicht vom Hafen aus erklimmt sondern aus Richtung Norden, sehr viel leichter zu erreichen ist. Hier wurden während des Franco-Regimes viele Gegner gefoltert und getötet. Auch wenn es sich lohnt, die Burg zu besichtigen, so sollten Sie auf keinen Fall vergessen, den sagenhaften Ausblick auf Barcelona zu genießen, den Sie von hier aus haben werden.

Den Abschluss unserer Tour bildet der Parc Güell, für welchen man sich definitiv einen Tag Zeit nehmen sollte. Die wunderschön gestaltete Anlage ist UNESCO Weltkulturerbe – hier bestaunen täglich tausende Touristen Gaudís Hommage an die Natur. Das Wahrzeichen des Parks findet sich am Eingang:

ein Salamander, der den Aufgang bewacht, verziert mit Bruchkeramik. Neben wunderschönen Kunstwerken von Gaudí finden Sie hier eine unglaubliche Parkanlage, die zum Entspannen einlädt. Genießen Sie die Schönheit der Anlage, lauschen Sie den Klängen der Musikanten, die sich hier an verschiedenen Plätzen finden und lassen Sie die Sonnenstrahlen auf ihr Gesicht scheinen. Einzig das Gaudí-Museum sollten Sie außer Acht lassen, hier lernt man nichts Neues und der Inhalt des Hauses rechtfertigen keinesfalls den Eintrittspreis. Einen guten Abschluss bietet ein kleiner Aufstieg auf den Berg des Parks, auf dem Sie eine atemberaubende Aussicht auf Barcelona haben und Sie als kleines Schmankerl kostenlos erstklassigen Hobbymusikern lauschen dürfen.

DEN BLICK ÜBER DEN TELLERRAND WAGEN: BARCELONAS UMGEBUNG

Es ist klar, dass Barcelona für einen Urlaub allerhand zu bieten hat und man bei seinem ersten Besuch die Stadt gerne voll auskosten möchte. Falls

Sie jedoch trotzdem ein, zwei Tage finden sollten oder dies nicht Ihr erstes Mal in der schönen Stadt ist, so lassen Sie sich doch von den folgenden Tipps inspirieren:

- Sicherlich ist der Strand in Barcelona selbst wunderbar zum Entspannen, Flanieren und Sonnen. Da er jedoch täglich von einer Unmenge an Touristen besucht wird, ist er an manchen Stellen dementsprechend dreckig. Um dem zu entgehen, lohnt es sich, eine kleine Reise auf sich zu nehmen und beispielsweise an den wunderschönen Strand von Castelldefels zu fahren, welcher mit den öffentlichen Verkehrsmitteln gut erreichbar ist (die Fahrtzeit beträgt ca. eine knappe Stunde).

Hier hat man Platz, befindet sich unter fast 100 % Spaniern und kann bei Bedarf sogar auf die umliegenden Felsen klettern oder eine kleine Wandertour veranstalten. Der Strand ist unglaublich sauber und schön. Davon abgesehen ist die gesamte Costa Brava einen Besuch wert: schroffe Küstenlinien wechseln sich ab mit pittoresken Örtchen und Panoramastränden. Einzig Lloret del Mar sollten Sie meiden – dieser Ort ist das Mekka für feierwütige Schüler und Studenten in den Sommerferien.

- Ein Ausflug in das nahegelegene Girona ist wärmstens zu empfehlen! Diese historische Stadt liegt am Fuße der Pyrenäen und bietet neben den weltbekannten bunten Häusern arabische Bäder und die sehr sehenswerte Kathedrale Santa Maria, deren Fassade bereits in *Game of Thrones* auftauchte! Girona ist dabei jedoch noch nicht so von Touristen überlaufen wie Kataloniens Hauptstadt.

- Ein wunderbarer Tagsauflug ist das Museum Salvador Dalí in Figueres. Figueres selbst ist die Heimatstadt des bekannten exzentrischen Künstlers und so findet man hier viele Orte, die mit ihm in Verbindung gebracht werden. Das Museum stellt daneben die berühmtesten Kunstwerke von Dalí aus, wie beispielsweise sein umstrittenes Lippensofa.

- Falls Sie etwas mehr Zeit mitbringen, lohnt sich ein Ausflug in den Süden Frankreichs, beispielsweise nach Narbonne oder Carcassonne. Diese wundervollen Städte sind zwar französisch, zeigen jedoch trotzdem die enge Verbindung zwischen Katalonien und Frankreich, die sich nicht nur in der Sprache niederschlägt. Auch ein Ausflug nach Andorra ist sehr lohnenswert!

- Der Penedès bietet einen Weintourismus der 1. Klasse! Im Schutze der Berge gelegen reifen die Weinreben bis zu den Stränden des Mittelmeeres. Weinproben sind Teil der Erkundungstour des Penedès, wobei auch der Genuss des prickelnden Cavas nicht zu kurz kommt. Daneben bietet der Penedès noch weitere Erkundungstouren aufgrund seiner umwerfenden Landschaften.

- Tarragona ist eine sehr lebenswerte Stadt im Südwesten von Barcelona: Sie hat ein Amphitheater, das einen in das alte Rom zurückbringt, sowie viele weitere Attraktionen aus der römischen Zeit. Darüber hinaus hat Tarragona einiges an schönen Plätzen und hübscher Architektur zu bieten.

- Montserrat ist ein Kloster, welches nördlich von Barcelona liegt. Verbunden mit einem Tagesauflug kann man entspannt den Berg erklimmen, Picknick machen und anschließend das wunderschöne Kloster besichtigen. Der Ausblick vom Berg aus ist fabelhaft. Die Landschaft, die gleichermaßen alpin wie mediterran gestaltet ist, ist ein sehr beliebtes Ausflugsziel für größere Gruppen, sodass die Anreise mit einem Reisebus üblich ist.

- Sitges, eine kleinere Stadt in der Nähe von Barcelona, direkt am Meer gelegen, bietet ein wunderbares Ziel für einen Tagesausflug. Es hat eine eindrucksvolle Vegetation und es gibt sogar eine regelmäßige Fährverbindung zwischen Barcelona und Sitges. Die Stadt selbst hat wunderschöne enge Gassen, historische Gebäude und einen sehr schönen Strand. Falls Sie übrigens zur Karnevalszeit nach Katalonien reisen sollten: Sitges hat einen weltberühmten Karneval mit einem feucht-fröhlichen Umzug, der die gesamte Stadt mitreißt.

WAS MAN IN BARCELONA AUF KEINEN FALL MACHEN SOLLTE!

Es gibt vieles, was man in Barcelona machen kann, soll und darf. Allerdings gibt es auch so einige Dinge, die gerade Touristen gerne machen und danach bereuen. Damit Ihnen das nicht passiert, gibt Ihnen dieser Reiseführer die wichtigsten Richtlinien für Sachen, die Sie auf keinen Fall in Barcelona machen sollten!

1. Essen Sie niemals in einem Restaurant auf den Ramblas – auch wenn es noch so verlockend aussieht. Die Getränke und das Essen sind immer unverschämt teuer, die Qualität lässt zu wünschen übrig und jeder zweite Happen wird einem, besonders in den Sommermonaten, durch einen vorbeihastenden Touristen von der Gabel geschnippt. Gehen Sie einige Schritte in eine der unzähligen kleinen Gassen und - schwupp – finden Sie sich vor unzähligen kleinen süßen Cafés und Restaurants wieder, die Ihnen richtige einheimische Küche bieten.

2. Baden Sie nicht am Strand von La Barceloneta – auch wenn der Strand in fast jedem Reiseführer als wunderschön, friedlich und sauber abgebildet ist. Im Sommer ist er tagsüber komplett überfüllt, nachts wird er von betrunkenen Feierwütigen heimgesucht. Voll von Müll und manchmal sogar Exkrementen und Erbrochenem muss er am nächsten Tag wieder gereinigt werden, und es geht wieder von vorne los. Dabei gibt es so viele unglaublich schöne Strände nördlich und südlich entlang der Küste von Barcelona.

3. Nehmen Sie nicht das Taxi. Die öffentlichen Verkehrsmittel in Barcelona sind sehr günstig und in Barcelona liegen die Touristenattraktionen sowieso nah beieinander, sodass man – falls man nicht gehbehindert ist – bequem alle Highlights zu Fuß erreichen kann.

4. Kaufen Sie keine Getränke oder Essen von Straßenverkäufern. Es ist eine beliebte Masche, Mojitos oder Caipirinhas am Strand zu verkaufen. Der Alkohol ist von sehr mieser Qualität, sodass es bereits zu Todesfällen kam. Auch abgepacktes Wasser in Flaschen wirkt gerade während der heißen Sommermonate verlockend, ist aber meistens Leitungswasser in alten benutzen Flaschen, die wieder zugeschraubt wurden und Keime enthalten.

5. Lassen Sie Ihre Tasche zu keiner Zeit unbeaufsichtigt! In Barcelona muss man sein Hab und Gut immer bei sich tragen, da es einfach eine Unmenge an Straßendieben gibt. Achten Sie auch darauf, Ihre Tasche geschlossen zu halten, denn nicht selten wechseln Handys und Ähnliches in Sekundenschnelle ihren Besitzer.

6. Laufen Sie nicht in Strandkleidung durch die Stadt. Sie haben einen aufregenden Tag am Strand

verbracht, freuen Sich nun darauf, in der Sonne zu trocknen und ihre nassen Klamotten in ihrer Strandtasche zu verstauen. Nein, bitte nicht! Spanier finden es erschreckend, wenn sie uns deutsche Touristen in Jesuslatschen, das Hawaiihemd freudig schwingend durch die Stadt schlappen sehen. Oberkörperfrei mitten in der Stadt muss nicht sein!

7. Hängen Sie nicht an dem Irrglauben fest, im Sommer einen Surfkurs machen zu können! Auch wenn Barcelona ein wirklich wunderschönes Meer zu bieten hat, so gibt es nun mal leider keine Wellen sondern lediglich friedliches Geschwappe an Strand. Leider ist dies vielen Touristen im Voraus nicht bewusst und so buchen sie unsagbar teure Kurse, nur um am Ende feststellen zu müssen, dass auch der beste Surfer hier einfach keine Chance hat. Spanien hat wundervolle Strände, die perfekt sind für begeisterte Surfer, aber diese befinden sich nicht in Katalonien. Nichtsdestotrotz können sie in dieser Region wunderbar auf Tauch- oder Schnorcheltour gehen und die tollen Riffe entdecken, die Katalonien zu bieten hat. Buchen Sie dafür am besten eine Tagestour mit einem Anbieter Ihres Vertrauens – dieser fährt Sie dann bequem im Bus mit

anderen Tauchern zu den schönsten Spots und bietet manchmal sogar noch Verpflegung.

8. Kaufen Sie Ihre Tickets bitte, bitte, bitte nicht vor Ort. Ich kann es in diesem Buch leider gar nicht genug betonen, wie endlos lange Sie anstehen werden müssen, nur um im schlimmsten Fall der Fälle abends müde und enttäuscht nach Hause geschickt zu werden. Es ist um Längen angenehmer und meist sogar günstiger, die Tickets bequem online zu buchen und sich so die langen Schlangen vor der Sagrada Familia oder vor einer von Gaudís anderen Kunstbauten zu sparen.

9. Wagen Sie es mir bitte ja nicht, Barcelona zu verlassen, ohne nicht mindestens so viele Tapas wie möglich gekostet zu haben! Die Stadt ist ein Paradies für Schlemmer und auch Gourmets kommen auf ihre Kosten.

Geheimtipps aus erster Hand

Die Bunker von Turo del Carmel (in Barcelona einfach die „bunquers"): diese alten Reste der Flugwehrbatterie aus dem spanischen Bürgerkrieg bieten Ihnen eine spektakuläre Aussicht über ganz Barcelona. Um dorthin zu gelangen, muss man einen kleinen Aufstieg wagen, der Hauptteil der Strecke kann aber alternativ auch mit dem Bus bewältigt werden. Tagsüber ist der Platz perfekt dafür geeignet, die

Aussicht auf die Metropole bei einer kühlen Brise zu genießen. Abends und nachts treffen sich die Studenten gerne auf ein Glas Wein, um zu feiern oder dem ein oder anderen Gitarrenklang zu lauschen.

-Der Strand von Badalona: Neben dem Strand von Castelldefels ist der Strand von Badalona sicherlich einer der schönsten Strände in Katalonien. Und wie Sie ja nun bereits wissen, lohnt es sich, eine kleine Strecke auf sich zu nehmen, um den Scharen an Touristen und dem Müll am Strand von Barcelona zu entkommen. Nicht nur ist der Strand von Badalona sauberer, er ist auch bedeutend weniger von Sonnenanbetern besiedelt.

-Der Labyrinthgarten La Horta in Sarrià: Dieser Garten wurde als Drehort für die bekannte Versteck-Szene im Film „Das Parfum" verwendet und das nicht ohne Grund - abseits von all den Touristenscharen bietet er eine märchenhafte Kulisse, um sich zu verlaufen. Gleich daneben finden sich sogar mehrere Felsen, auf denen Alt wie Jung klettern können.

-Die Plaça St. Pere im El Born: Der kleine Platz ist ein echter Geheimtipp, selbst für die Einwohner

Barcelonas. Ringsherum gibt es viele kleine Cafés und Restaurants und man kann auch einfach auf einer der Parkbänke Platz nehmen und das Treiben beobachten. Der Platz wurde zum Beispiel auch in der beliebten katalonischen Serie „Cites" verwendet, um als Ort für erste Dates zu dienen.

-Die Carretera de les Aigues: Sollten Sie sowieso den Aufstieg auf den Hausberg Barcelonas, den Tibidabo wagen wollen, so lohnt es sich ein wenig mehr Zeit einzuplanen und bei einem Spaziergang die Aussicht auf Barcelona zu genießen. Die Carretera de les Aigues führt bis hoch hinauf auf den Berg und ist auch bei Joggern und Radlern sehr beliebt.

-Natürlich gibt es sehr viele berühmte Museen in Barcelona wie das Picasso Museum oder die Gaudí-Museen. Ein etwas weniger bekanntes aber dafür umso interessanteres ist das Schokoladen-Museum im Stadtteil El Born, welches nicht nur für Kinder sehenswert ist. Das Museu de la Xocolata informiert über die Geschichte der Schokolade in Europa. Auch wenn das Museum an sich eher klein gehalten ist, so wird dennoch die Herstellung der Kakao-Bohne bis hin zu ihrer industriellen Produktion anschaulich gezeigt. Dabei kann man auch das ein oder andere Stück Schokolade kosten oder den Museumsshop besuchen. Ob Sie sich nun entscheiden, einen Blick in das Museum zu werfen oder nicht, bleibt natürlich Ihnen überlassen. Versprechen Sie mir bitte nur eines – lassen Sie das Erotik-Museum auf der Rambla links liegen. Auch wenn Marylin Monroe während der Sommermonate den Vorbeilaufenden vom Balkon aus zuruft und noch so schöne Versprechungen verteilt – ein Besuch lohnt sich in dieser Tourismusfalle wirklich nicht!

Extra: Sprachführer

Dieser kleine Sprachführer soll Ihnen helfen, sich in Barcelona zurechtzufinden, einfache Konversationen führen zu können und nicht hilflos in die falsche Metro zu springen. Am Anfang finden Sie eine kurze Einführung in die katalanische Aussprache, danach stelle ich Ihnen die Wochentage und Zahlen vor und danach sind Sie bereit für einfach kurze, aber dennoch sehr wichtige Sätze auf Katalanisch. Viel Spaß beim Lernen!

AUSSPRACHE

- Ein nicht betontes „e" bzw. „a" wird wie ein neutraler Vokal ausgesprochen [ə], wie zum Beispiel bei dem deutschen Wort "Roll**e**".
- Ein nicht betontes „o" wird wie ein „u" ausgesprochen. "Joan" wird dann zu "Juan".
- Das „j" wird wie "dsch" ausgesprochen.
- „ll" wird wie „l" und „j" ausgesprochen.

BASICS

Beim Bestellen von Speis und Trank sowie beim Bezahlen in Supermärkten ist es wichtig, einen Grundstock an Zahlen zu beherrschen. Oftmals sind die Öffnungszeiten auch nur auf katalanisch ausgeschrieben, gerade bei kleineren Geschäften. Deswegen erhalten Sie im Folgenden eine kleine Liste an Wochentagen und den wichtigsten Zahlen.

Montag	dilluns
Dienstag	dimarts
Mittwoch	dimecres
Donnerstag	dijous
Freitag	divendres
Samstag	dissabte
Sonntag	diumenge

Eins	Un
Zwei	Dos
Drei	Trés
Vier	Quatre
Fünf	Cinc
Sechs	Sis
Sieben	Set
Acht	Vuit
Neun	Nou
Zehn	Deu
Elf	Onze
Zwölf	Dotze

Dreizehn	Tretze
Vierzehn	Catorze
Fünfzehn	Quinze
Sechzehn	Setze
Siebzehn	Disset
Achtzehn	Divuit
Neunzehn	Dinou
Zwanzig	Vint
Einundzwanzig	vint-i-u
Zweiundzwanzig	vint-i-dos
Dreißig	Trenta
Vierzig	Quaranta
Fünfzig	cinquanta
Sechzig	Seixanta
Siebzig	Setanta
Achtzig	Vuitanta
Neunzig	Noranta
Hundert	Cent
Tausend	Mil

FÜR FORTGESCHRITTENE

Die folgenden Ausdrücke sind dafür gedacht, eine einfache Konversation auf A1-Niveau betreiben zu können – natürlich nicht, um über Gott und die Welt zu plauschen, sondern eher, um nach dem Weg zu fragen oder ein Menü zu bestellen.

Guten Tag	Bona tarde
Gute Nacht	Bona nit
Hallo	Hola!
Tschüss	Adéu
Bis später	Fins després
Wie geht's?	Com va?
Sehr gut, danke!	Molt bé, gràcies
Bitte (bei Wunsch)	Si us plau
Entschuldigung	Perdó
Es tut mir Leid	Ho sento
Vielen Dank	Moltes gràcies
Ja / Nein	Si / No
Sprechen Sie deutsch / englisch?	Parla alemany / anglès, vostè?
Ich verstehe kein Spanisch	No entenc espanyol

Bitte etwas langsamer	Més a poc a poc, per favor
Wie heißen Sie?	Com et dius?
Ich heiße ...	Em dic ...
Wie komme ich ...?	Com puc anar a...?
Wo gibt es ...?	On puc trobar ...?
Wo sind die Toiletten?	On són es serveis?
Wer / Wann / Wohin / Was?	Qui / Quan / A on / Què?
Wieviel kostet ...?	Quant val ...?
Das ist zu teuer	Es massa car
Wie weit ist es nach ...?	Com és de lluny ...?
Wie spät ist es?	Quina hora és?
gestern / heute / morgen	ahir / avui / demà
Sehr gut / schlecht	molt bo / mal
teuer / billig	car(a) / barat(a)
Haben Sie ein Zimmer frei?	Té una habitació lliure?
Doppel / Einzelzimmer	Habitació doble / individual
Kann ich das Zimmer sehen?	Puc veure l'habitació?
Hotel / Pension	Hotel / Pensió
Für eine Nacht / Woche	Per una nit / una setmana
Die Speisekarte, bitte!	La carta, si us plau!

Die Rechnung, bitte!	Es compte, si us plau!
Guten Appetit!	Bon profit!
Vorspeise / Suppe	entremès / sopa
Nachspeisen / Fisch	postres / peix
Miesmuscheln	Musclos
Tintenfischringe	Calamars
Krabben / Languste	gambes / llagosta
Tunfisch / Zackenbarsch	tonyina / mero
Fleisch / Geflügel	carn / ars
Rind / Schweinefleisch	carn de vaca / porc
Hammel / Hähnchen	xai / pollastre
Kaninchen / Spanferkel	conill / porcelleta
Salat / Gemüse	amanida / verdures
Obst	Fruita
Apfel / Orange	poma / taronja
Brot / Käse	pa / formatge
Schinken / Salami	pernil / salchichon
Schmalzgebäck	Ensaïmada
Nudeln / Reis	pasta / arròs
Kartoffeln	Patates
Getränke / Wasser	begudas / aigua
Rot / Weißwein	vi negre / blanc
Bier	Cervesa
Ich möchte ein Auto mie-	Voldria llogar un cotxe

ten	
Nach links / rechts	a l'esquerra / a la dreta
Geradeaus	tot dret
oben / unten	dalt / a baix
Straße / Fernstraße	Carrer / Carretera
Allee	Avinguda
Touristeninformation	Informació turistica
Flughafen / Flugzeug / Flug	aeroport / avió / vol
Auto / Taxi	cotxe / taxi
Zug / Bahnhof / Bahnsteig	tren / estació / andana
Schiff / Hafen	vaixell / port
Fahrkarte	Bitlett
Hin (und zurück)	anada (i tornada)
geöffnet / geschlossen	obert / tancat
Postamt / Briefmarke	Correus / segell
Adresse / Telefon	adreça / telèfon

Warum Barcelona?

Nun haben Sie historische Fakten gehört, einige spanische und katalanische Wörter gelernt, die wichtigsten Attraktionen Barcelonas kennengelernt, Geheimtipps erhalten, Barcelonas Umgebung erkundet und die kulinarische Vielfalt der Stadt erschmeckt. Ich bin mir sicher, dass sie bereits haltlos begeistert sind von dieser vielfältigen, einzigartigen Metropole. Sollten Sie jedoch noch unschlüssig sein, ob Sie wirklich einen Flug in Kataloniens Hauptstadt buchen sollen, habe ich Ihnen im Folgenden die 10 besten Gründe zusammengestellt, warum Barcelona die beste

Stadt der Welt ist und warum sie jetzt sofort auf „buchen" klicken sollten:

1. Barcelonas Lage

Barcelona liegt am Meer. In Spanien. Eigentlich bedarf es hier keiner weiteren Erklärung. Lange Strandpromenaden, relaxen in einer hippen Strandbar, entspannen unter Spaniens Sonne mit dem sanften Rauschen der Wellen des tiefblauen Meers im Hintergrund. Surfen bis die Sonne untergeht, Stand-Up-Paddling oder Longboard fahren. Was will man mehr?

2. Das katalanische Essen und Trinken

Dass wir diesem Thema in diesem Reiseführer ein gesamtes Kapitel gewidmet haben, geschah nicht ohne Grund: das katalanische Essen ist einfach unglaublich gut. *Jamón y Queso* (Schinken- und Käseplatte), *patatas bravas*, Fisch und Meeresfrüchte in Hülle und Fülle, und *cava*, der weltberühmte katalonische Champagner. Tapas soweit das Auge reicht. In keiner anderen Stadt werden Sie besser verköstigt werden als in Barcelona!

3. Unglaublich viele Attraktionen

Die Sagrada Familia, der Park Güell, die Kathedrale, das Fußballstadion Camp Nou (welches übrigens das meistbesuchte Museum in der Welt ist) oder Kunstwerke von Gaudí, Dalí oder Miró, um nur eine Handvoll zu nennen.

4. Barcelonas Nachtleben

Hippe Bars im Raval, edle Restaurants im Eixample, ein Clara (Radler) am Strand zu später Stunde und ein *bocadillo* auf die Hand – mehr braucht es nicht, um die Nacht unvergesslich zu machen. Barcelona hat aber darüber hinaus noch eine angesagte Clublandschaft, Kellerbars, einen Rotlichtbezirk und rustikale Gaststätten, sodass jeder sein Ambiente findet.

5. Wunderschöne Parks und Berge

Der Parc de la Ciutadella, der Montjuic, der Parc de la Ciutadella oder der Tibidabo – Barcelona hat eine Vielzahl von Plätzen an denen man sich sportlich betätigen oder entspannt spazieren gehen kann, um dem Trubel der Stadt zu entkommen.

6. Beeindruckende Ausblicke

Barcelona lässt dich wunderbar von oben erkunden – von der Spitze des Tibidabo über den Parc Güell hin zu den Arenas – Barcelona bietet eine Vielzahl an Plätzen, von denen aus man wundervolle Ausblicke auf die Stadt, ihre einzigartige Architektur und den Strand mit dem Meer hat.

7. Kultur

Museen soweit das Auge reicht, atemberaubende Architektur, weltbekannte Schriftsteller wie den Autor Carlos Ruiz Zafón, der zum Beispiel das Buch „Der Schatten des Windes", welches in Barcelona spielt, verfasst hat, erstklassige Musik in wunderschönen Palaus, eine breite Filmlandschaft (schauen Sie sich unbedingt „ocho appelidos catalanes" an!) – Barcelona hat in Sachen Kultur eindeutig die Nase vorn.

8. Katalanisches Lebensgefühl

Tapas zu jeder Tageszeit, Sonne auf der Nasenspitze, Strand und eine frische Brise, schicke Klamotten und Luxusboutiquen, viele Straßenfeste, die berühmten Menschentürme (*castells*), traditionelle

katalanische Tänze (*sardanas*), bunte modernistische Gebäude an quasi jeder Ecke, *siesta* und *fiestas*
bis in die Nacht – auch wenn eigentlich die Franzo-
sen das *savoir-vivre* erfunden haben sollen: die Katalanen wissen wie man lebt.

9. Geheime Plätze

Die *bunquers* bei Nacht, das Labyrinth von Horta,
die Plaza de San Felipe Neri, Sitges oder Castelldefels – keine andere Stadt strotzt so sehr vor wundervollen Plätzen, die noch nicht von den Massen
von Touristen in Beschlag genommen worden sind!

10. Katalanische Menschen

Die katalanische Kultur ist atemberauend und so
sind ihre Menschen. Offen, herzlich, ehrlich und
interessiert – freuen Sie sich darauf, auf Menschen
zu treffen, die Ihr Leben verändern werden! Der
katalanische Charakter schwankt zwischen Freund-
lichkeit, Herzlichkeit und Humor, gewürzt mit einer
gesunden Prise Ironie und verfeinert mit Verant-
wortungsgefühl. Hat ein Katalane Sie erst einmal
ins Herz geschlossen, können Sie sich sicher sein,

einen Freund gefunden zu haben, den Sie nie wieder missen möchten!

Auf geht's!

Am Ende dieses Reiseführers bleibt mir eigentlich nichts mehr zu sagen, als: Na los, trauen Sie sich! Genießen Sie den unverwechselbaren Charme der Weltstadt mit Flair, ihre grünen Oasen, ihre Tradition, Architektur und Kultur. Lassen Sie sich einhüllen in einen Mix aus freundlichen Menschen, wunderschöner Natur, mediterraner Gelassenheit, katalanischem Temperament und einer Feinschmeckerküche, die selbst für den kleinen Geldbeutel geeignet ist. Durchstreifen Sie das nahegelegene Weinland, erkunden Sie den historischen Stadtkern, gönnen Sie sich etwas Kultur im Palast der Musik, shoppen Sie sich durch die Einkaufszentren und die großen Einkaufsstraßen, unterhalten Sie sich mit einem von den zahlreichen Blumenverkäufern, lauschen Sie den Klängen der kreativen Straßenmusiker, entspannen Sie auf der Plaça Reial und genießen Sie die bunte Vielfalt der katalanischen Küche, erfahren Sie mehr über Kataloniens Geschichte, buchen Sie eine Führung durch das Camp Nou des FC Barcelona, essen Sie sich durch die *boquería*, erklimmen Sie die höchsten Berge, besuchen Sie die hippen Designer-Museen im El Born und flanieren Sie am Strand entlang. Ich verspreche Ihnen, in Barcelona ist für jeden Urlaubstyp etwas dabei. Nachdem Sie nun diesen Reiseführer beendet haben, sind Sie bestens gewappnet, um sich in der katalanischen Hauptstadt zurechtzufinden. *Anem!*

Packliste

Geld & Finanzen

O (evtl.) Auslandswährung

O Bargeld

O Bauchtasche

O Brustbeutel

O Bauchtasche

O EC-Karte

O Kreditkarte

O Notfall-Telefonnummern der Banken

O Portmonee

Hygiene

O Haarbürste / Kamm

O Deo (klein)

O Shampoo

O Kulturtasche

O Sonnencreme

O Taschentücher

O Reise-Zahnbürste und Zahnpasta

O Verhütungsmittel

Kleidung

O Badeklamotten

O Gürtel

O Hosen kurz / lang

O Mütze / Cap / Hut

O Pullover

O Regenjacke

O Schlafanzug

O Socken

O Sonnenbrille

O Sportklamotten / Jogginghose

O T-Shirts

O Unterwäsche

Medikamente

O Blasenpflaster

O Anti-Durchfalltabletten

O Erste-Hilfe-Set

O Fiebertabletten

O Fiebertabletten

O Mückenschutz

O sonstige Medikamente

O Pflaster

O Kopfschmerztabletten

Unterlagen & Papiere

O ADAC Unterlagen

O Adresslisten für Postkarten

O Krankversicherungsnachweis

O Stadtplan

O Führerschein

O Unterlagen für die Unterkunft

O Wasserdichte Hülle für Reiseunterlagen

O Impfausweis

O Mietwagenunterlagen

O Personalausweis

O Reisepass

O Reisetagebuch

O evtl. Studentenausweis

O evtl. Visum

O Zug- / Bahn- / Flugticket

Taschen & Rucksäcke

O Koffer / Trolley / Reisetasche

O Regenhülle für Rucksack

O Rucksack

Schuhe

O Badeschlappen / Hausschuhe

O Schuhe und Wechselschuhe

Sonstiges

O Brille / Kontaktlinsen und Etui

O Buch zum Lesen

O Ohrenstöpsel und Schlafmaske

O Regenschirm

O Reisedecke

O Wasserflasche

O Wörterbuch

Elektronik

O Digitalkamera

O Handy

O Ladekabel

O Kopfhörer

O evtl. Steckdosenadapter

O Power-Bank

Herstellung und Verlag:

BoD – Books on Demand, Norderstedt

ISBN: 9783752892260

© Hannah Busquets 2020

1. Auflage

Kontakt: Psiana eCom UG/ Berumer Str. 44/ 26844 Jemgum

Covergestaltung: Fenna Larsson

Coverfoto: depositphotos.com